DES MOTS POUR DES MAUX

DES MOTS POUR DES MAUX

EDDY GUERRIER

AuthorHouse™
1663 Liberty Drive
Bloomington, IN 47403
www.authorhouse.com
Phone: 1-800-839-8640

© 2012 by Eddy Guerrier. All rights reserved.

No part of this book may be reproduced, stored in a retrieval system, or transmitted by any means without the written permission of the author.

Published by AuthorHouse   09/29/2012

Library of Congress Control Number: 2012917973

ISBN: 978-1-4772-7434-7 (sc)
ISBN: 978-1-4772-7432-3 (hc)
ISBN: 978-1-4772-7433-0 (e)

Any people depicted in stock imagery provided by Thinkstock are models, and such images are being used for illustrative purposes only.
Certain stock imagery © Thinkstock.

This book is printed on acid-free paper.

Because of the dynamic nature of the Internet, any web addresses or links contained in this book may have changed since publication and may no longer be valid. The views expressed in this work are solely those of the author and do not necessarily reflect the views of the publisher, and the publisher hereby disclaims any responsibility for them.

LA PATIENCE

La patience est l'arme des initiés
Car pour eux le temps n'est pas enfermé
Dans le carcan d'un tic tac
La patience est bien la sève vivifiante
De tout amour sincère
Car pour lui le temps n'existe pas
Le présent veut toujours être pour toujours

Eddy Guerrier

EXPERIENCES DEMOCRATIQUES

Je les ai vus venir du Nord
A leurs fronts fiers, l'Enseigne de la Paix
Et à leurs mains les outils de Mort.
L'Anormal devient la solution du fait.

Du Nord ils ont parcouru le monde
Pour venir donner à HAITI cette solution
Plusieurs boivent à grandes gorgés cette potion
Que d'autres dans leur silence trouvent immonde

Aucun réveil patriotique n'est prévu
Pour chasser ces "blancs" de nos terres
Ils disent que les Tam-Tams de 1804 se sont tus
Nous ne sommes plus les dignes fils de nos pères.

Pourquoi ces hélices qui grincent sur nos têtes?
Pourquoi ces blindés qui piétinent notre misère?
C'est la Démocratie, la loi de la "bête"
A qui tu dois d'être maintenant dans cette civière.

Mais je suis déjà mort!
Et avant j'avais très faim!
Non, tu n'es plus mort
Et tu n'aurais plus faim
Tu es ressuscité,
Pour être expérimenté.
Alors, après, tu peux mourir
Et tu n'auras plus faim.

Mais ne suis-je donc pas un être humain
Moi qui suis depuis toujours un Haïtien?
Ti-cop cette question pose la à l'Américain?

Eddy Guerrier

SIDA

De tes bijoux le cliquetis
faisait de tes caresses, le tic-tac
de l'approche de jaillissement sans tact
qui dit qu'a pleuré le «petit»

Je devais l'utiliser à te rendre féconde
Mais les préservatifs vous hantent, même en ondes
Car nous vivons l'ère terrible du SIDA
Et les exercices jambiers n'ont plus de mandat.

Un petit bout, une ouverture charnelle
Quoi de plus pour détruire un monde,
En faisant de nos couches une hécatombe.
Plus possible à la légère parler d'amour éternel

Virus de fin de siècle, Nostradamus est bien vivant
La punition vient par la voie du plaisir,
Plus d'élan spontané, plus d'empressement dans le désir
Cupidon est parti à des cieux plus claimants

Les mains et les caresses remplacent le sexe
Nous sommes vraiment tombés des cieux
Et avons fait de notre monde un milieu vicieux.
Plus d'épines que de roses et nous restons perplexe!

Eddy Guerrier

FATRAS

Lorsque le rat des champs
fait bon ménage avec celui des villes
c'est que les hommes ont changé de camp.
De propres ils sont hélas sales et vils.

Lorsque dans nos rues les porcs
S'adonnent à cœur joie dans la boue,
c'est que la saleté gagne tous les ports.
Et, les autres hésitent à nous tenir par aucun bout

Nous avons, hélas, changé d'identité.
Notre panorama est à l'image de notre esprit.
Nous marchandons tout, même notre fierté,
ne ressentant aucune honte à leur mépris.

Où est dons passé cette Perle des Antilles?
Comment retrouver l'âme de vertières?
où est l'union qui a fait la force d'hier?
Dans ce cas pourquoi ne pas tirer la goupille?

TIRAILLEMEMT

Une voix crie dans la nuit
Et les Ancêtres du terroir
Tremblent contre ce miroir
Qui reflète à l'envers leur ennui.

Le travail a été mal fait.
Il s'agissait plutôt d'indépendance!
Où est donc la cause à effet
Si maintenant ils meurent dans leur danse?

Il s'agissait d'un travail collectif.
Pour glorifier une Haïti meilleure!
Non pas ce tiraillement à l'heure
Pour se voir que l'autre, plus pontife

Haïti chérie pardonne-nous
Qui ne pouvons oublier le fouet.
La liberté pour nous reste un jouet.
Qui nous fera plus morts que "doux"

Eddy Guerrier

¨LE NAIF¨

A regarder ce tableau de peintre "naïf"
On se croirait dans un monde de verdures
Où l'eau coule comme les perles du grand calife,
Où les gens heureux sont maîtres d'un bonheur qui dure.

Hélas! Haïti n'est plus ce paradis
L'érosion a fait de ces couleurs
Un mensonge scandaleux, cachant nos douleurs
Nous mourons tous: étouffés par une quelconque maladie.

Oh! Peinte que tu es vraiment ¨Naïf¨!
Ou implores-tu plutôt le grand pardon?
Ta prière colorée veut-elle enlever le canif
De nos politiciens qui n'égalent qu'Arpagon?

Les ¨vicieux¨ nous ont en effet tout volé
Il n'y a plus d'arbre, plus d'or
En vague nous allons en face et à coté
Mais ils ne font que fermer leurs ports.

Nous sommes les pestiférés arrogants.
Ceux qui chassent encore l'Aigle,
Sans pourtant être des espiègles.
Nous refusons la posture du mourant

Tes couleurs sont notre foi en la vie
Ton pinceau l'espoir de toute une race
Qui attend que les ¨Loas¨ lui fassent grâce
Pour que des autres elle n'ait aucune envie.

Continue ton exploration de couleurs
Notre conscience n'en sera que plus vivifiés
Pour anéantir de cette terre tous les ¨rouleurs¨
Pour qu'à jamais ils en soient pétrifiés

Eddy Guerrier

IDEM—IDEM—IDEM

Ote—toi que je m'y mette
Le pouvoir est enfin à moi
Afin que du palais je jette
Toutes les ordures des précédents mois
Les ¨derrières¨ sont passées par le passoire
Le travail restant m'en va las ¨se¨
Il faut bien préparer le pressoir
Car le peuple doit prendre leur place
Alors seulement ils auront le grand coup
Leurs richesses seront popularisées
Et ce sera à eux de faire comme le coucou
Se repentant de leurs orgies de ¨**Frisés**¨
Il n'y a plus de peur
Il fait nuit pour tout le monde
Mon projet de société est pour toujours
Alors que les autres ont des pensées immondes
Je suis le seul sauveur du peuple
Et nul ne pourra arrêter le torrent
Mais! Parbleu! Je suis ce peuple!
Ai-je encore le temps d'arrêter le torrent???

EN FACE IL FAUT TOUJOURS ¨PI BON¨

Coucher sous les bananiers
Suçant un rapadou
Alors que volaient les ramiers
Il savourait tous doux
Les senteurs de la campagne

Hier encore sur son corps
Un costume de dernier cri
Déterminait son rang et son décor
Hier aussi il a su qu'il est écrit
Que la peur de la misère
Peut apporter à l'âme beaucoup d'hivers

Il a donc pris des vacances
Car l'homme d'affaires
Souffre toujours d'une carence
Lorsqu'il sent que la serre
De l'argent lui tient comme la transe
D'un mauvais ¨Loa¨ Réveillé en sursaut
A qui l'on demande de remplir le seau

Eddy Guerrier

Voilà donc l'Absurde à l'œuvre
Il rêve d'être un ¨paysan¨ dans son champ
Et l'autre se voit des finances la pieuvre
Toujours l'envie de s'accorder à un autre chant
Il s'agit simplement de jouir de la récréation
En attendant de reprendre l'Action
Jusqu'à recevoir l'extrême Onction

LE VIDE D'ABORD

«La nature a horreur du vide»
Ces paroles ont toute valeur
Quand il s'agit de voleurs
Sans aucun projet de rides

Rien que pour le moment
Aucun plan d'avenir
Du risque dans le plaisir
Et la nation encore attend

Or pour construire il faut un vide
On a besoin d'espace pour concevoir
Et de vrais esprits au Pouvoir
Comme guide vers cette Haïti intrépide

Le vide est le début de la nature
De lui il a crée tout ce Monde.
Mettons au fonds nos ordures,
De nous sont sorties des choses immondes.

Eddy Guerrier

Termine le bilan de notre Histoire
Il s'agit plutôt d'une intégration
En évitant de notre culture une désertion
Economie de l'offre débutons par vraiment vouloir.

RESSUSCITE

Les cerfs-volants tressaient dans le ciel
Des cordes marassas tracées sur le firmament.
Ce vendredi saint, comme toujours,
Avec leurs couleurs multicolores,
Le crépuscule approchant,
Le Christ ressuscitait à nouveau

Cependant, il n'y régnait aucune tristesse
Il sentait aux cieux avec toutes ces couleurs
Accompagné des rires innocents.
Combien belles sont les vacances de Pâques
Sous le doux soleil des Tropiques!!!!

Eddy Guerrier

EROSION

Nous avons décidé d'ouvrir nos veines.
Et le martellement de la pluie sur l'étain
Annonçait que la nature changeait de tin,
Pour s'apprêter à la saignée de nos déveines.

Depuis longtemps nous sommes les organisateurs
De cette fête macabre de ¨brulé la terre¨
qui devrait en sorte tuer nos vers
au lieu de faire la route de l'aqueux destructeur.

Cet acharnement contre la faim et la misère
a fait couler notre sang jusqu'à la mer
qui elle aussi est sèche de fruits même amers
Et eux parlent d'écologie en regardant notre civière.

En tuant nos ¨créoles¨, il ne restait que les arbres:
Maigres substitut pour nourrir des enfants affamés
qui rêvent encore de leur verte terre boisée,
alors que soif d'espoir nous gobons des palabres.

Des Mots Pour Des Maux

Que restera t-il de notre Perle des Antilles?
Aurons-nous seulement à conserver des lentilles
Pour tisser un semblant d'apparats-éventuel
en disant au ¨blanc¨ que nous avons fait notre travail . . . .

Eddy Guerrier

18 MAI

Il n'y a pas d'étoiles dans notre bleu et rouge
Is ont voulu que notre ciel à jamais reste bleu
Et nul ne vienne nous faire pousser une queue.
Mais par deux fois sur nous ils ont fait un ¨coucrouge¨

Nous n'avons aucune objection à faire de cet ordre
Le nouveau plan directeur de reconstruction nationale
Mais que notre rôle soit bien défini dans cet élan mondial.
Cependant quelque part, quelque chose amplifie le désordre.

Lorsque fut enlevé ce blanc de ce drapeau d'hier,
Il s'agissait de faire aussi bien que les Etoiles.
De bâtir afin que nul ne souffre sous ce ciel si ordonné,
Mais pas de nous mettre à plat ventre avec l'âme peu fière

Sommes-nous les visées de ces ¨animaux malades de la peste¨?
En offrant notre verdure nous avons brouté trop d'herbes!!!
De ce continent nous sommes devenus des retardés acerbes
Qui ont par deux fois, avec eux, violé notre Mère, en incestes.

Si le cadeau de cette liberté a été plutôt prématuré
Ils nous l'ont donné pour que nous soyons des hommes
Nous la marchandons à présent pour en tirer une bonne somme
Nous savons survivre, mais vivre est de tout homme la destinée.

Le «Soleil Levant» montre encore la faible lueur des Etoiles
qui se battent toujours dans la noirceur de la nuit.
Le Nouvel Ordre Mondial n'est de l'éternité, un puit
Dans la fuite du temps il passera comme s'use la toile

Nous pouvons encore reprendre l'Esprit de notre drapeau,
et regarder avec courage notre avenir de peuple libre.
Nous ne sommes pas des piètres dans l'art de l'équilibre,
Revitalisons—nous donc en mettant leur bleu et rouge en dépôt

JEREMY

Tu avais la manie de dire que ton grand—père était un blanc français, ce pour réaffirmer ta «mûlatrie» que tu défendais de toutes tes forces dans les bois de la Grand-Anse, Cependant cela ne s'arrêtait pas à ces simples mots. Tu portais ta chevelure très longue et l'imbibait régulièrement d'huile pour accentuer son aspect «sirop» . Tu ne te souciais guère de l'odeur permanente qu'elle incrustait au plus profond de ton cuir chevelu. Tes sous bras arboraient deux broussailles de poils longs et soigneux qui renforçaient le fait que tu n'avais pas les cheveux crépus comme une partie de la population qui gambadait dans les champs avec toi et partageait la même misère. Hélas! tu allais encore plus loin. Tu prenais le vif plaisir à te baigner presque nue et surtout vers trois heures de l'après-midi, heure à laquelle tu avais ton public près de la rivière et le soleil adouci qui rendait hommage à ton corps en l'agrémentant d'une teinte dorée. Pas la peine d'aller plus loin, tu étais vraiment belle, même ton sourire avec tes dents de devant «kanni» par le tabac de ta pipe, n'enlevait rien à ton charme. Ta touffe pubère qui était une vraie forêt qui dépassait les limites de tes entrecuisses pour aller doucement se reposer sur ta charpente longue et ferme. Pris d'humour noir, il m'arrivait de m'imaginer le délice qu'un bataillon de morpions aurait pu tirer en se perdant dans cette densité pileuse . . . Autant que je te désirais, autant te détestais-je . Lorsque tu me regardais gourmand de ton corps et jamais rassasié, il y avait dans le fond de ton regard mépris absolu de toute ma représentation citadine de nègre bien éduqué aux cheveux crépus. Et moi je te maudissais car j'assurais sur ton ventre une manière expéditive, un meilleur avenir quoique temporaire.

Nos corps se rejoignaient facilement, chacun pour des raisons différentes, d'où la raison de nos postures physique sans pour autant confondre nos visages voire nos lèvres. Tu «fantasmais» sur ton blanc imaginaire qui t'aurait rendue plus blanche et moi la fureur que j'aurais pu déclencher en ville si tu étais instruite, soigneuse et sans dents pourries. Nous partagions effectivement l'une des galères sociales qui se cherchent un bon port depuis 1804, fatiguées de leurs cargaisons encombrantes.

Eddy Guerrier

DE 1986 À L'AN 2000

Nénuphars sur une opaque
Courbes eternelles de croissance
Univers aqueux sur fond de macaque
On s'encanaille en chair et en absence.

Lèvres plissées, dents écarlates
Signe d'un empressement fatal
On baise et on s'éclate
Plus d'enfants sur la terre natale

Ventres ouverts, zenglendos en folie
La paix est seulement pour les justes
Car il faut que la monnaie s'ajuste
Pour qu'Haïti soit plus jolie

GRANDE RIVIERE

Perdu, je me laissais guider par le jeu des enfants—Tchou—Boum
La rivière reprenait vie, plus vive.
Doum-Doum, on dirait un gros poids tombé dans l'eau
Paf—Plouf
A ce bruit se mêlait celui des bas—toile
Plak—Plak—Plak
Les habits lavés devenaient de larges fesses
Sur lesquelles les lavandières appliquaient
Une raclée continue, interrompue seulement par la fatigue du muscle.
D'autres étaient plus tapageurs dans l'eau.
Des attouchements s'organisaient de plus bas en bas,
Sous l'œil tolérant d'un pasteur prévenant
Mais voyou sur les bords.
Il y a un ralé au milieu de la rivière.
Les jeunes garçons, les plus fougeux s'y aventuraient.
L'émotion est au zénith chez les jeunes filles au corps fatigués
D'une journée aqueusement exploratoire.
Alors que les découvreurs sous-marins de ces nouveaux doux mondes,
repus, se laissaient quand même par le râlé . . . .

Eddy Guerrier

Et mon portable qui se met à sonner, me ramenant brutalement à une réalité
Qui veut m'engloutir dans un tourbillon de médiocrité Port-au-Princien.

L'INTRUS

Lorsque leurs aires se confondirent
Je pensais être au faite de la franchise
Pourtant ce choc d'érotisme fût pire
Que le gout laissé par une âme grise
Après qu'elle eut trainé sur tous. sa bêtise.

Nous n'avons pas respecté le jeu
L'inexpérience et la violence ont jeté un feu
Qui a brûlé sans joie et sans saveur
Et notre lit d'amour n'avait plus de chaleur
Car nous n'avons pas pu éviter le malheur

Trop de curiosité pas assez de réciprocité
L'égoïsme est un plat que l'on mange froid
Il ne reste plus des questions sur cette journée
L'amour n'était pas à ce rendez-vous de « trois »
Quelqu'un était de trop, il devait rester sur la jetée

Eddy Guerrier

CONFIRMATION

Pourquoi donc tant de rigueur?
Qu'as-tu fait de ta tendresse?
Autrefois tu n'étais que douceur
Et maintenant nous gagne la détresse

Ouvre grand les yeux sur nous
Un jour ensemble nous vîmes le Nord
En ce lieu il n'y avait pas de boue
Tu n'es pas un cheval tenu par les mords.

Il serait dommage de perdre le Cap
C'est la direction de notre rédemption
Tu deviens comme l'air qui m'échappe
Quand mon asthme gobe ma respiration

Essaie de comprendre ma langue
L'exotisme de la ¨Caymitte¨
Est différent de ta mangue
Or ce mélange n'est pas un mythe

Nous vivons notre propre vérité
Liée par une entente tacite
Qu'en pourrait dire illicite
Mais c'est de nous la grande qualité.

Absente tu es plus présente.
Que de misère n'ai-je su!
Ceci m'a beaucoup ému
Reviens je suis pour l'entente

Eddy Guerrier

MIRAGE

Beaucoup d'erreurs furent commises
Au saint sacré Nom de l'Amour
Ayant atteint la limite, je fais ma valise
En elle se cachant les souvenirs du séjour.

Partagé entre la haine et le dégout
Comme un rat je cherche les ténèbres
Car tout passe inaperçu dans l'égout
De passion tu as éclaté mes vertèbres

Il ne reste plus rien de toi et de nous
Sauf deux vies qu'il faut sauver
Le choix n'a jamais pu arriver à bout
De cette relation qui me t'a enlevée.

Ton nom fait un des potins
Le fruit normal de ton imbécilité
Ta fin t'attend au carrefour des hautains
Car ce que tu as, est une fausse félicité.

J'ACCUSE

Je préfère le goût de l'éternité
J'accuse la brièveté de ta vision
Je caresse l'idée de mille étés
J'ose quereller aux dieux ton omission
Je pourrai user de la force des ¨Loas¨
Je saurai contre tous avoir raison
J'accepte le calcul que tu me donnas
Je rejette, la stupide idée de fin de saison
Je recherche, la juste comment de ton univers
Je crains hélas que tu veuilles, lassée, la venue de l'hiver.

Eddy Guerrier

KARMA DE SOI

L'expérience d'un homme
Lorsque le chemin parcouru
Enlève le frais pour laisser le moulu
N'est de ses bêtises que la somme

En effet les bons moments passent
Comme la rosée séchée par le soleil
Alors que déjà a été bu le miel
C'est toujours une belle aurore qui s'efface

Par contre, rien n'égale l'Erreur
Si ce n'est la goutte amère du fiel
A jamais elle survit à l'heure
Même lorsque se casse la bielle

Le plaisir demeure une trêve
Que les Loas nous accordent
Pour mieux nous pendre à la corde
De notre vie, qu'elle soit longue ou brève

MEMOIRE

Il n'y a de plaie, plus profondes
De témoignages à jamais présents
D'Archives qui ne souffrent d'aucun instant
Que la mémoire de tout homme du monde.

Aucune correction possible sur ce papier
Impossible d'effacer. A ce crayon, pas de gomme
Si ce n'est toujours l'empreinte sur la ¨pomme¨
A chaque époque ses démons; et s'emplit le cahier.

Lorsque viendra le dernier jour
Alors seulement tombera le rideau
Aucune gloire, peu de joies, beaucoup de maux.
Et la barque coulera dans l'abime du toujours

L'homme du monde a voulu trop connaître
Or le prix à payer, de ses actes, reste la mémoire.
Toujours ce reflet de soi-même a jamais dans ce miroir
Il a voulu, il a connu mais il ne peut renaitre.

Eddy Guerrier

Le tam-tam qui le remplissait de joie
Chante maintenant l'angélus de son glas
Les ¨loas¨ réclament paiement à l'homme sans foi
Il doit tirer sa révérence car il a fini son plat.

REJET

Il n'y a pas de classe dans la crasse
Seulement y flotte de la crotte
Avec la misère et la puanteur qui complotent,
Pour la déviation continue de toute une ¨race¨

Il n'y a pas de grâce dans la crasse.
Dans les haillons, on se bat pour une place,
Espérant que demain ne vienne
Car il n'apportera que la haine.

On ne se marre pas dans la marre
Et impossible de pisser sur la truie
Car il n'apportera que la haine.

Il n'y a pas de face dans la crasse
On a peur et on se tracasse
La révolution ne mange que ses fils
Grand Dieu qu'on en finisse!!!!

Eddy Guerrier

RENDEZ—VOUS

Pas encore de tes chaussures le son de ta venue
On ne s'habitue jamais à attendre: Enfin!
Quatre heures te voilà . Quelle tenue!
L'air altier, les fesses bien relevées sous une robe de lin

D'abord trois marches, puis deux à gravir
Ce simple geste montre la perfection de tes cuisses
Et laisse deviner ce que j'aime tant ravir
Bonsoir! ta bouche juteuse sur la mienne glisse

Regardez—les en train de dévorer des yeux mon bien
¨LAN MED¨ taisez votre désir, Messieurs!
Le contour de tes seins est trahi par le fin tissu en sueur
Habillée tu es plus nue, sortons d'ici, viens . . . .

RETOUR IMPOSSIBLE

Un goût amer me vient à la bouche
Trop se laisse engloutir par la pécuniaire
Où sont passés les temps de l'Amour, souche
Profonde pour vivre comme la foi dans la prière

L'Argent est partout, même—la! en noue
Vivre sans loi et courir dans les ¨ragées¨
En quête d'une sauvage à senteur de ¨doucounou¨
Il nous a rendu hargneux et loin et loin de luxe! dérangée

Je te gratifie de mes caresses et de vingt ¨cob¨
Ta performance est extra: une gourde
Tu es ma putain, la Dulcenia d'un Job
Mon message est la simplicité—pas une courbe
Sur les fluctuations d'un marché parallèle
Ou le sacré dollar nous fait battre de l'aile

Eddy Guerrier

Je rêve d'un passé perdu, inconnu des jeunes
Un temps de ¨surette¨ et de pistache¨
Ou le baiser était encore pour la douce une grande tâche
Consentir après mûres réflexions et des heures de jeûnes
Mais pas une chose faite avec quelques bouffées de ¨crack¨
Alors que tes vêtements disparaissent sans traque

La pécuniaire nous a enseveli
Avec elle les fatras de notre princière ville
Ne font que dire tout haut que nous sommes avilis
Nous ne faisons que boire le jus de notre propre bile . . .

SOIREE RATEE

Beaucoup d'efforts, de beaux habits
Pour sortir ce soir, en beauté
Hélas! Rien de plus faux, tout est raté
Le sommeil et l'habitude t'ont pâlie.

Quel désarroi, quelle déception!
Le temps passe marqué de ton ignorance
De ¨maîtresse¨ tombant en rance
Comment donc plus tard sera la ¨réception¨???

L'enfant que nous avons conçu
T'a enlevé le désir et donné le sommeil
Jusqu'à oublier ce nous en éveil
Pour ce bal. Hélas tu n'as pas su

Aies très peur de la routine
C'est le grand mal des vieux couples
Reste sur le qui-vive, sois souple
Comme le roseau, précieuses comme le platine

Eddy Guerrier

TON DERNIER

Rien que sur cette limpidité aqueuse
Cette paille transit déjà tristement
Comme hagarde, nos si ¨grande¨ sentiments
Egarés dans les méandres de réflexions douteuses

Aucun jugement ne doit être porté
Les paroles restent suspendues; le silence est d'or
Rien ne sert de courir la caravane est dehors
Les voyageurs de l'oubli attendent dans l'allée

Tu iras rejoindre les autres, mais surtout la ¨morte¨
Un seul mot me revient à l'esprit: Patience
Un seul regret: d'avoir fait confiance
Le trépied a été brisé par la ¨cohorte¨

La caravane s'éloigne et puis disparait
Une odeur de ¨TED LAPIDUS¨ traine dans l'air
Il est bon de ne pas oublier hier
Quand nous étions l' ¨unes¨ de l' ¨autre¨ si près . . . .

TUE—LE

As-tu au coin cette aquarelle
Montrant les remous de mes querelles
Avec l'autre qui conspire ma fin?
Tu as donc vu ce démon à air de séraphins!!

Ne t'arrête surtout pas, enfonce la lame
Personne de ce côté du miroir ne te blâme.
Tue-le ou il fera de nous son ombre
Détruis-le vite car pour tout sa vision est sombre

L'as-tu vu? il s'appelle Moi
Nom d'emprunt qu'il vole chaque fois
Que le destin me rapproche de toi
Vois—comme il se moque de moi

Tue-le donc ce n'est pas un jeu
Sinon il nous brulera de son feu
Ah! tu es confondue; la ressemblance;
Mais notre amour fais déjà la balance

Eddy Guerrier

Avec lui je ne mourrai point
Cette aquarelle dans ce perdu coin
C'est l'illusion créée par son reflet
Il est déjà épuisé car ¨je¨ est son soufflet.

MENTIR

Le mensonge est une nécessité.
Quand il s'agit de garder une liberté.
Face aux harcèlements d'une pie
Qui voit la trahison même dans votre pipi.

Si vous ne savez pas mentir,
Elle vous invite, vite, à apprendre.
Au leu d'accorder au vôtre son tir,
Elle préfère imaginer comment vous prendre.

Qui est le menteur, qui nie d'être menteuse?
Comment parler de libre arbitre dans une cage?
Seul le cœur peut donner la clef à la «meneuse»
Toute incarcération génère la rage.

Mais l'homme correct doit mentir
Pour garder à point le pivot de l'équilibre,
en niant la vérité pour le bien de s'unir.
L'Amant hypocrite reste donc toujours libre!!!

Eddy Guerrier

A BELLE

Lorsque tu seras moins jeune
Et que les plis marqueront l'heure
Quand tes admirateurs seront rares
Et que ton charme sera le fond
Et non la forme de ton corps
Quand tes seins épuisés d'allaiter
Auront fait de tes enfants des hommes,
Lorsque tu parleras de ta beauté
Comme le souvenir d'un Jérôme
Alors seulement seras-tu sure
Que depuis le premier jour
Que mes yeux ont vu tes pieds nus
Que je t'ai toujours aimée

ET PUIS?

Après la pluie ce n'est pas toujours
le beau temps qui se présente à mon jour
Mais je dois avouer que notre rencontre,
ce sourire du destin, me sauva du monstre

Je ne désire plus vivre le grand Amour
car à la fin souffrance est trop lourde.
La liberté retrouvée est comme une gourde
à laquelle je m'abreuve, hélas, sans humour

Je sais que tu me guides vers la joie,
et tu le fais avec beaucoup de tendresse,
car tu as été témoin de ma détresse.
Mais guéri, auras-tu de moi la même foi?

Le mâle est d'une ingratitude inexorable
je devrai donc être moins mâle
Afin de te garder intacte, sans mal,
pour que chaque jour, mon merci reste indéniable

Eddy Guerrier

FAIT DIVERS

Pour une Affaire de Clitoris
Égratigné au passage égaré
toute la famille sur le vice
devait opiner sur la chose blessée

Restait la nouvelle dans les journaux.
L'intéressé n'était pas de la fête .
Le sacrifié accusait son bourreau,
Alors que maman examiné la «défaite»

Demain au tour du gynéco
Réparation totale et complète.
Et la Belle de dire en écho
A quand la prochaine conquête?

Des Mots Pour Des Maux

UNE CRISE D'ASTHME

Dehors la rue s'entrouvait
Pour laisser comme un jet d'eau
Eclater ce discordant alléluia
De voix hargneuses, pour le silence des traits

Sur un siège assis me voilà
Attendant qu'il vienne pour mes maux
Etendre sur mon corps parasite
L'ultime soin contre une maladie tacite.

Sur ce siège assis me voilà réduit
De ma fin il n'éclate que dégout
Dégout d'un corps trop jeune meurtri
Par cette tare qui me suivra dans l'égout
Où mon âme en rat veut finir ses jours.

Le bruit se diffuse, mon mal s'étale
Gourmant de l'air, insouciant il m'échappe
Quand, donc, sur mon corps le voile
Immonde de la mort par sa trappe
M'engloutira a jamais dans le noir?

Eddy Guerrier

HELAS!!!

Zone Neutre: Stérilité de <transit>
Aéroport: destination partout
Ils passent, ils sont en <exit>
pas encore du voyage au bout

Le cercueil volant attend:
La mort probable sur ordinateur.
Un trou d'air on est <pantan>
L'attente en flashback devient révélateur

En se confiant à la machine
Nous affirmons nos limites,
En remémorant nos racines.
Et l'heure ne va pas plus vite.

Dieu seul grand, l'homme rien
Pourquoi donc tant de conflits?
Formons d'Amour un lien
pour une attente sans plis

SUSPENSE

Je succombai à la tentation
Et ne désire sortir de ce <mal>
Mon souffre à présent en suspension
Attendait que tu viennes à l'heure fatale.

Qu'as-tu donc à me dire?
Tout ce voyage pour savoir
Et te montrer que mon rire
Dépend de ton bon vouloir

Presque quatre heures et j'attends
Qu'est—tu donc aussi dur que le temps
Qu'il a fallu pour que tu viennes à m'aimer?

Je suis disposé à mon renvoi
Si ceci doit faire renaître la lumière
Et te redonner ta jolie voix
Je suis disposé à garder hier . . .

Eddy Guerrier

A TA DECOUVERTE

Lorsque ton corps d'ébène a accepté
Les caresses de mes mains expertes
J'ai vu jaillir de toi, la pureté
Du fond de ton âme en quête

Tes questions sont lourdes d'attente
Et tes recherches de réponses, vides
Tu dois attaquer cette pente
Tu m'as pour t'y mener comme guide.

J'eus à voir, là-haut étant
De tout autre soi, l'étendue
Ton autre toi est là, belle éperdue
Laisse-toi attirer par son aimant

Partir a sa propre découverte
A toujours été une tâche laborieuse
Qui commence par de son hymen la perte.
Ne te défile pas, sois glorieuse.

Je ne suis donc qu'un simple instrument
Que le destin a mis sur ton passage.
Mais j'avoue que je t'aime éperdument.
Use-moi donc, puis tu tourneras la page.

Se connaitre soi-même est important,
Ne laisse pas aux autres ce travail.
Fais de toi-même tout en aimant
Celui qui t'a ouvert le portail.

Eddy Guerrier

UN DETAIL

Un détail ajouté au décor
Ça brouille en effet les pistes
Mais quelle joie de voir en ce corps
Ce bel esprit qui insiste
A me rappeler mon perdu passé.
Devenu du genre pragmatique
Je pensais n'avoir plus de passions
C'est peu dire, tu es si énigmatique
Ma raison si sure n'a d'attention
Que pour ma Dulcinée **«retrouvée»**
Mais hélas, que puis-je offrir
Ma source est par la vie asséchée
Et mes rêves finissent par faire souffrir;
Et pourtant je t'aime tout entier
Et veux en toi rester **«mouillé»**
Reviens si tu peux au temps premier
Sans pour autant te sentir souillée
Sans rien attendre
Moi sans rien prétendre.

SECRET

Lié par la loi du silence
Je dois garder la clandestinité
Car il ne doivent pas imaginer
Combien notre amour est profond et immense

Je dois prétendre ignorer
Une liaison fortement vraie;
Je me parjurerais en disant la vérité
Pour ta protection je soigne cette plaie

Je suis à la merci de ton humeur
Moi qui ai si soif de ton attention .
Mais tu vis que pour les qu'en dira t-on
Le péché est partout et mortelles sont les rumeurs

Je méprise celui qui t'a nommée Choucoune
Ce beau nom appartient à une femme légère
Il a mal lu l'histoire et te connait peu très chère
D'elle tu n'as que la beauté et les «tété douboute»

CULTE DE TA SIMPLICITE

Je ne sais quoi te dire, je ne sais comment t'avouer mon incapacité à garder mon âme sereine Quand je te vois venir vers moi avec ton sourire immaculé. La l'impudicité et l'innocence de tes légères caresses me font peur. En effet, face à toi tout ce que je suis sensé savoir s'effrite comme une vague de poussière dans un océan de vide.

Comment te faire comprendre que je ne désire, en acceptant ton précieux cadeau . . . . Ouvrir à jamais une boite de Pandore qui ne ferait que nous conduire tout droit à une fin certaine mais je désire plutôt que ce soit le préambule d'une complicité à jamais éternelle, Je ne veux que ton bonheur car pour moi il est déjà trop tard. J'ai connu toutes les joies de la terre, mais jamais le bonheur constant avec une femme; Je les ai toujours prises comme des commodités, pour n'avoir jamais fait d'efforts sérieux à les conquérir et surtout elles ont toujours, je dois l'avouer, été séduites par ma manière de les introduire au luxe et à l'argent.

Toi tu n'as besoin que de ma présence: denrée très difficile à fournir dans ma gamme d'expériences, vu que je n'ai en réalité aucune notion du comment donner mon temps car avec elles je prenais toujours leur temps à ma convenance.

Toi tu es belle et reposante comme une nuit étoilée caressée par l'éternité de ta franchise et la sincérité de tes baisers du bout des lèvres . Ta petite langue rose n'a fait qu'effleurer le mienne si expérimenté par tant d'années de luxure et bamboches vides de toute positivité. En effet le plaisir ça me connait, mais la douce joie d'aimer simplement, je le découvre à peine. Peut-être suis-je aussi vierge de toute félicité à part celle que je retrouve à travers mes enfants . . .? Serait-ce donc une réalité je ne suis qu'un imbécile? je sais que tu ne peux me donner le réponse qui serait pour moi une délivrance. Alors je me contenterai des miettes d'amour sincère que de temps en temps tu me gratifies comme un bon chien à qui on jette un os après qu'il ait secoué la queue en accueillant son maitre.

Je continuerai donc à attendre je ne sais quoi de toi, tout en sachant que tu ne m'appartiendras jamais car le temps m'a joué un mauvais tour en me donnant il y a de cela dix ans le revers de la médaille.

Eddy Guerrier

MERCI

Que de n'être point maitre
Je préfère être maitre de moi-même
A chaque confiance mon âme doit se remettre
Des blessures subies par de brulante ¨Je t'aime¨

Je suis hanté par mes aventures
Et l'amertume de n'avoir rien accompli
J'ai pour miroir dans mon âme, l'usure
Le temps passé à suivre de vos robes les plis

Et pourtant en moi haine
Vous êtes l'instrument de ma Révélation
Et pour ce, Je vous dis MERCI sans peine
Tandis que l'histoire continue entre deux fellations

POURQUOI

Je buvais une serine harmonie à ta bouche

Et j'écoutais l'écho de mes baisers

Descendre doucement dans ton cœur

Mais tu veux que ce dernier

Soit une pierre

Et ton âme un vide

Eddy Guerrier

C'EST DOMMAGE

Il nous a fallu de la volonté
Pour bâtir en recherchant la perfection
D'une union dont en refusait l'acceptation.
Nous nous sommes donc cachés et muris dans l'intimité

Plusieurs fois nous sûmes éviter la catastrophe
Mais de toi, je n'ai atteint la vraie conquête.
Je suis parti dans l'univers vers ta planète
Mais las je suis devenu la dernière Météorite en apostrophe

Tes regrets et tes remords sont tardifs
Je suis déjà dans le silence de l'infini.
De pour nous je ne désirais qu'un petit nid.
Et ne pas entendre des autres, les diminutifs

Je n'ai pas su de ma passion contrôler la mesure
Apres tant d'essais, à présent, c'est assez
Tu ne seras donc qu'une d'un lourd passe
Echoués, nous sommes voués à l'usure.

LE DEBUT DE LA FIN

En passant à la fin de ¨MAS¨
Je constate toujours avec amertume
Que j'ai perdu le Nord
Pour n'avoir jamais su
Ou il se trouvait.
Dans cette trame en noir majeur
Je ne suis pas ce Richard cœur de lion
Qui a si bien triomphé de ses rivaux
Je reste simplement
L'imbécile que j'ai toujours été.
Cassandre ne saurait dire mieux.
L'alpha c'est bien le commencement
Ce faisant j'étais moi déjà
A l'oméga de mes illusions.

Eddy Guerrier

DEMAIN MATIN

Il y avait comme un clin d'œil
A travers le mouvement harmonieux
Des arbres qui remuaient leurs feuilles
La capricieuse lune montait aux cieux

Encore une nuit à passer loin de toi
A ne savoir quel sera le glas
Qui sonnera l'aurore de ma joie
Car il est temps que fonde le verglas.

Les étoiles sont témoins de ma volonté
A faire retentir le son du lambi
Signe ancestral de révolte et de liberté
Alors un grand matin, unis, nous boirons un mabi.

Notre complicité est écrite dans le vêvê
Notre force celle de ¨Jeune taureau¨
Si je suis ¨Landwat tu es mon lanvè¨
Nous sommes l'épée et son fourreau.

REMORDS

Pourquoi s'acharne t-on
A vouloir mon malheur?
Alors qu'à la débauche c'est l'heure
La ¨bamboche¨ est en cadence avec le ton

C'est bien la chanson de la débandade
¨Malheureux¨ veut tuer ¨Bourgeois¨
Le message est codé en parois
Traducteur, présentez-vous sur l'estrade

J'ai été créée avec deux mamelles
L'une pour le miel
L'autre pisse le fiel
Et comment faire pour qu'elles se mêlent

A bas la richesse!!!
Vive la misère!!!
J'ai mal fait la paire
N'aurai-je plus de cesse?

Eddy Guerrier

JE N'OSE PAS

Vingt quatre pas débout
Et toi en arrière de vingt quatre
Une grande distance nous sépare;
Il ne peut y avoir une curiosité
Présomptueux d'utiliser le mot Amour
Qui n'existe pour toi que dans les romans
Que tu lis en te rêvant en héroïne.
Peut-être aussi le besoin d'être sécurisée.
A quoi bon poursuivre plus loin
Ce chemin de l'indécence scandaleuse
Qui lierait une fleur à peine éclose
à une vieille marmite dejà noircie
par les multiples aventures déjà vécues.
Reste donc ma petite fille adoptive
Comme ça je n'aurai pas honte
d'admirer ta fraicheur ingénue,
et serai fier de savoir que pour une raison
tu as trouvé en moi un protecteur digne.
Je me flatterai de posséder une part de toi
Sans jamais avoir franchi l'antre sacré
Que tu me tends avec tant d'innocence

RESTE—LA

Beaucoup se sont épuisées de nos paroles
Peur avons nous que le silence nous réduise
A la totale expression physique des rôles,
Plus francs même quand les corps s'épuisent.

L'élément catalyseur est accompli dans la rencontre
Il y a quand même chez nous un effet retardateur.
Sache qui je l'acte est plus explicite que l'auteur.
Viens donc sans crainte si tu n'es pas contre . . .

Mes bras avides d'encercler ton corps
Tremblent à l'idée de ta certaine fuite,
Quand rassasiée et déçue tu sortiras de mes pores
Pour ne laisser qu'un vague gout d'une fugace suite.

Mieux vaut faire durer le plaisir
Pour que dans nos têtes existe une fin heureuse;
Car la réalité est tout autre qu'un simple désir,
Et les contes de fée sont pour les enfants à l'âme peureuse

Eddy Guerrier

TES MUETTES PAROLES

Lorsque ma sève aura étanché ta soif
Lorsque mes creux seront enfin ta route
Alors tu ne seras plus cet écervelé en déroute
Plutôt le menteur qui se cache sous sa coiffe.

Je t'aurai cédé <coureur de jupes>
Parce que j'ai déjà vécu une tragi-comédie
Ou j'ai joué le rôle de la dupe;
Alors tiens toi tranquille tu t'enlaidis.

Je te prendrai à ton propre jeu
La proie finira en chasseresse,
Mon affection durera autant que ce feu
Qui te ronge la verge sans délicatesse.

Enfin je te jetterai en pâture aux chiens
Pour ton insolence de male prédateur
Et ce sera un fait de bien
Pour toutes tes infidélités, sale menteur.

LA COTE DES ARCADINS

Tu l'as vue belle en t'éloignant de moi
Port-au-Prince est déjà loin, derrière
Pourtant ta senteur n'est pas d'hier
Elle est en moi, résonnant mes parois

Elle aurait été plus belle avec nous
Trop de principes coulent dans tes veines
Plutôt ne pas comprendre et être tout doux
Dans le creux de tes Jambes de Reine.

WHAT A BLACK MAGIC WOMAN !!!!¨

Ta noirceur fait résonner toute mon Afrique
Qui m'apporte dans ce bleu: ton hymen,
Aimant irrésistible???—crac ou cric???
Il est temps que je dise AMEN

¨WHAT A BLACK MAGIC WOMAN!!!!¨

Eddy Guerrier

COMPLICATIONS EN TOI

En perdant ton père que tu adorais
Ses bras protecteur ont aussi disparu
Te laissant sans bouclier dans la rue
De ta vie pour laquelle tu cherches un intérêt

Dire mission accompli, c'est partir sans remords
Ta mère terminée, attend sa propre mort
Et chaque jour preuve d'une indécise solitude.
En tout tu dois changer d'approche et d'attitude

J'ignore quelle magie tu as en toi
Mais je sais que moi, ne suis pas magique.
Ce que tu veux de moi me laisse pantois
Et avant de commencer nous sommes déjà tragique

Pourquoi ne pas tout simplement essayer???
Or tes conditions semblent non négociables.
Nous avons été deux enfants gâtés
Et ton changement doit être à l'amiable

IMPATIENCE

Je me rappelle de la couleur de ta peau
Tel le crépuscule d'une terre tropicale,
J'ai soif de la fraicheur de ton sourire
Silencieux chant d'un amour consentant.

Tu portes en toi l'Afrique et les Antilles
Et dans ton sang coulent le colon et l'esclave.
Quel plus beau nom que de t'appeler créole
Et voir ta peau mouillée par l'effort de nos étreintes.

Les ondes téléphoniques sont dérisoires
Comparées à ta présence incommensurable
Et pourtant, je crains ton retour
Car il nous menace comme ces deux tours

Saurons-nous éviter l'ultime impact?
Finiront-ils par nous accorder la paix?
Ce faux rêve porte enfin à vivre
Vivons donc le moment et regardons faire.

Eddy Guerrier

L'AVEU D'UN IDIOT

Il faut que j'arbore un 9 mm
Et conduire nos routes en sirène
Il faut que j'aie le crane rasé
Et la mine d'un homme occupé.
Je dois souvent citer le nom du président
Et parler en code policier, pour impressionner
Je dois mépriser les gens de bien
Et côtoyer avec aisance les leaders
Ceux-là ont en main l'avenir du pays
Je dois me trouver une grimèle
Si elle manque de cheveux, qu'importe
La couturière du voisin peut arranger ça
Je dois habiter Laboule et climatiser toute la résidence.
Je ne paie ni eau ni électricité, voire les autres taxes
Je dois fréquenter les endroits chics et beaux.
Je déteste les bourgeois parce que je ne suis pas un
Mais encore je m'exprime mal en français
Alors je colle de temps à autre un mot anglais
Sans jamais avoir laissé Haïti

SAINT VALENTIN

Comment mon dévouement est de toujours
Pourquoi dois-je clamer mon amour en ce jour?
Que d'hypocrisie pour la St Valentin
Et demain ils seront encore à assurer leur fin
Je ne suis pas un homme de fraiche rosée
Je veux qu'avec toi dire que nous avons osé
Nous aimer dès l'aurore jusqu'au crépuscule,
D'un amour sincère, sans souci de certains scrupules
Prends ma main et marchons sur ces roses d'un matin
Et disons-nous pour chaque jour vécu joyeux valentin.

Eddy Guerrier

COLETTE

Comme la goutte d'eau sur une fleur qui se meurt
Oraison de ma vie, tu vins vivifier ma constance.
L'envie de mourir glissa, en fuyant sur mes pleurs
Et sur mes lèvres s'incrusta ton amour de vierge aimante
Tu m'arrachas, par cette luxure, à la débauche
Te dire merci c'est peu; t'aimer: l'ébauche
Eternelle de ce que sera ma vie à tes pieds d'amante.

JE T'AIME

TOI ET MOI

La brise caressait la cabane de sa douce main
Et tu restais là assise, calme, sereine.
Moi je t'admirais, suspendu à tes lèvres
Coupe inexorable de vie, pour l'amour un écrin.

Belle tendre reposoir désir en fleur.
Et tu étais là assise, calme, sereine.
Je sentais à peine le froid, car, par la chaleur
De ton corps, une douce euphorie me berçait

Et tu étais là couchée, calme, sereine
Etendue toute nue, t'offrant simplement
Et mes lèvres, assoiffées te burent follement . . . .
Las, j'oubliai tout, même vie hautaine

Je t'aime, disais-je
Mon amour, ma vie, demandais-je
La brise caressait la cabane de sa douce main

NUIT

Elle s'étirait longue comme un linceul, triste
Une nature dépossédée de sa claire beauté
Tandis que ce manteau de compacte montrait la nuit,
Dans ce noir j'ai cru voir ma ténébreuse vie.

Elle s'étirait, longue, comme un linceul, triste
Et dans cet amas de solitude j'ai pleuré
Dans les fenêtres du soir qui m'attristent
J'ai pourtant, par toi, su de moi la vérité

Elle s'étirait, longue, comme un linceul, triste
Cette blanche immaculée qui berce ma douleur
De voir en ma vie, cette lueur sans bonheur
Telle fut l'offrande de tes baisers sans fleurs

Elle s'étirait, longue, comme un linceul, triste
Et dans son parcours, hélas se perdait ta piste
Baisers sans fleurs: à la vie rien ne m'arrête
Car dans la triste nuit, j'ai perdu, MARGARET

QUE DIRE DANS CE CAS?

Parfois dans un vase d'incertitude qu'est la vie
On se demande vainement: Pourquoi suis je donc ainsi
Et l'on ne se comprend pas. Mais, toujours cette
Incompréhension reste constante. Moi aussi je me
Pose ces questions et en réponse a cet état idiot,
Je me dis; c'est parce que les autres se posent
Exactement les mêmes questions, qui fait que les
Mêmes restent sans réponse.

Le monde est donc en mur.
Mur pourtant qu'on accepte en se confondant
Inexorablement à lui.

ILLUMINATION

Le bruit cadence et veloute des lucides berçait la nuit
Qui trainait sur la terre son vaste manteau de mystère.
Tandis que la lune caressait timidement les âmes des pins
Et dans cette douce nuit ton inlassable visage m'apparut

Comment expliquer; deviner tout court ta constance,
Ta présence dans ce noir embaumé de senteur aphrodisiaque
Et je me laisse aller vers une euphorie sans borne
Ou l'amour est tout simplement ce nectar qui m'enivre.

Amour! Amour! Mot qui s'étend allègrement comme la brise
Dans un aurore baigné de souhait. Nature indéniable
Merveille s'associant a l'humain, œuvre divine.

Et dans ce trait d'union du rêve à la réalité
De ta réalité à une constance, l'esquisse de nos lèvres,
Coupes altérées et assoiffées de volupté, s'est formée.

TRISTESSE

Oh: tristesse, compagne de mes jours et de mes nuits
Tu es toujours là, indécise: et tu me suis
Tout le monde à le droit de vivre, même moi

Impuissant, devant ta force, je ne fais que cacher mon émoi
A qui me vouer, qui peut apaiser mon tourment
Je n'ai qu'à laisser ma chimère aller au gré du vent

Mais toi qui dis que tu m'aimes ou es-tu?
Viens donc à mon secours, je t'implore, ou es-tu?
Et le soir, je m'endors avec cette tristesse
Accable par son poids.

Puisque mes cris ne parviennent plus jusqu'à toi.

Eddy Guerrier

FEMME TRISTE CHIMERE

Qui êtes—vous femme, pour avoir entre vos mains
La vie d'un être qui vous dédie son amour?
Qui êtes-vous pour que dans vos bras nous oublions le lendemain

Rien, rien qu'une chair humaine, triste, triste, d'humour
Oui, sur des dehors attrayant, vous étouffez votre perfidie
Et nous, pauvres imbéciles, déposons dans le creux de vos seins.

Les sentiments les plus tendres, ignorant votre ignominie
Saletés que vous êtes, pourriture à traiter comme des chiens
Vous êtes la source de nos maux et de nos tourments
Je me vengerai; je vous cracherai au visage allègrement.

A TOI

Je n'oublierai jamais, la douceur de ta voix
Dans ce jardin de camélias, ou la beauté
¨En ce paradis en joliveur¨ , anime
Mon âme depuis longtemps égaré

Oh toi qui par ton amour n'ouvre une voie
d'espérance, quand tu m'as dit oui je t'aime
Il m'a semblé qu'enfin j'obtenais la vie

Se pourrait t-il que cet enchantement se poursuit
L'avenir et la vie nous dépassent; aimons-nous.
Et nos lèvres assoiffées, ont bu la volupté.

Volupté sortie du cahier de nos bouches
Bouches d'amours, de baisers, de sensualité
Et l'amour à nos pieds, jeta sa vérité.

Eddy Guerrier

QUI-ES—TU

Serait-ce de ma vie, une fleur éclose
Que ce corps que tu me portes comme la vie
Ou est-ce tout simplement un air morose
Caché par les yeux doux d'un éclat vide?

A la débauche tu m'arrachas, par cette luxure
Que tu m'emportas, en offrant ton amour.

ATTENTE DANS UNE CLINIQUE

Ils étaient là assis l'œil hagard
Il les voyait en jetait un simple regard
Sur ce tas d'humain, s'attachant
Imbécilement au profit d'un sursis de moment

Amas de chair, de déboire, de rien
Chair accablé par le lien
Que la vie par Dieu
Incrusté dans le corps par les yeux

Car voir, c'est croire
Et dire qu'il n'y a rien d'aussi naïf
Que cette esquisse de faits que l'on voit par devoir
Devoir humain, ligne divine.

Eddy Guerrier

Pierre qui roule

Le lion ne peut résister longtemps
A l'assaut de myriades de scarabées
Ils finiront par le manger autant

Le lion ne peut résister longtemps
Aux multiples morsures de fourmis
Elles finiront par le manger autan
Les grand ¨mangeurs¨ de cette terre
Voient globalisation sans multiplicité
Voient richesse sans partage
Et ignorent la fable du lion et de la mouche
Il n'y a qu'une seule loi, celle de Dieu
Or il adore jouer, Moise et Job en savent long
La grosse pierre roule en pente
Et remonter s'avère toujours difficile

Dans un coin

Ils s'en vont mourir dans un coin
Sans dignité aucune et remplir d'amertume
Le sort n'a pas voulu qu'ils manquent un point
Car le moment des folies a flotté comme une plume
Sur la vaste étendue des misères de l'homme
Il n'aurait pas fallu que ce moment voit le jour
Et dans cette allégorie .En mordit la pomme
Depuis l'agonie n'a que des sursauts de joie et traine pour toujours

Eddy Guerrier

LAVANRAC 1

Son laid visage remplissait l'espace du rêve
Alors que les vautours «pétant» notre fiel
Il doit revenir à la réalité et faire une trêve
Les «chimères» aboient car ils veulent du miel

Ce moment partager quand on garde tout
L'esprit collectif simple reflet de vides paroles
Le contrat n'est pas respecté, ils sont devenus fous
Et le rêve se perd dans un cauchemar créole

Le désarroi c'est la découverte du mensonge
Les critiques des «comédiens» sont de mauvais acteurs
Au lieu du miel ils ont de la cire et des verres de terre
L'odeur cuduvirique de leur mouvement n'est plus un songe

Comment faire taire la clameur de leurs souffrances
La violence étant le dernier refuge contre leurs maux
Les mécréants ont envahi «l'assemblée» de leurs sales mots
Et même le chic commence à avoir une odeur de rances

«Il faut que cela change»
Encore, encore et encore

LAVANRAC 2

L'harmonie brouhaha de la foule s'est tu
Les masques et les couleurs sont partis en cendres
Nos corps ramollis de débauche cherchent à être tendres
Déjà oubliés les refrains réclament notre du

Sous couvert de gaité nous hurlons nos besoins
Sous couvert de tafia nous parlons haut
Tafia! Autant que nous voulons dans le même pot
Qui les autres jours reçoivent nos restes avec soin

Avons-nous donc si peur de dire la vérité?
Sans qu'il n'y est bondes et bamboches?
Ils passet et remplissent les poches
Alors que ti-zo sur C.N.N fait «pété»

Les rares se changent à minuit en «sans pwèl»
Nous Zombis «depuis date» changeons à midi
A midi, en plein jour sautons de cette poêle
Et disant tout haut à ces malfrats que c'est fini

Eddy Guerrier

A DIEU Jacques ROCHE

Son pas n'est estompé dans la nuit des temps
Des malfrats ont jugés mal de couper sur les ondes, sa voix
Mais nul n'a dit si bien que lui que le rêve est déjà sur la voie
De la rédemption d'un pays si perdu, si longtemps

Ils saluent son passage sur cette terre à Pétion—Ville
Alors que les tirs nourris empestent le Bel-air
Endimanchés pour ce jour, ils ne veulent se taire
Plus bas la peur, la faim, leur violence, oh! Qu'ils sont vils

Joyeux-triste-anniversaire, de ton bel enterrement
Demain seras-tu, après, oublier sans la cause
As-tu eu le temps de tout nous informer, avant ton éternelle pause?
Devinons! Tu as vu Pays, et tes tueurs sont loin en errance de piment

Peux-tu revenir un moment, juste pour changer les choses?
Ta mort, ton assassinat n'ont vraiment aucune valeur
Si nous ne pouvons, ne voulons mourir pour renaitre sans leurre
Que la terre te soit légère, les choses changent l'épine devient rose

MAIS

Regarde bouger le balancier
Même dans un trou à rat
La vie inexorablement continue.
Ne te fie donc jamais à un moment
Il ne peut qu'accélérer
Ta propre fin
En assurant sa faim éternelle
De vivre encore et encore
Mais . . . .

LA BALADE D'UN GRAND HOMME

La Grand et fort il sortait de la mêlée
Puissant et magnanime il citait le verbe
Et comme Salomon appliquait la loi
Et son passage se courbait dans l'herbe.

Tout lui donnait "legain", l'acceptait avec grâce
Son élégance d'action suscitait la jalousie
Mais de sa hauteur physique, son esprit dominait
Et imperméable se fondait à la race des Seigneurs

Mais un jour il est devenu trop riche
Des autres il a peur et de lui, est chimérique
Son fidèle chien ne le reconnait plus,
Il se promène la queue basse et les oreilles courbées

Qui pis est, toujours sous son apparence de grand
Il semblait pousser une queue pointue
Mauvais signe reconnu par tous les croyants
Le tambour changeait de rythme

Peau de cabri sonore se change en peau de chagrin
Il vocifère de gros mots et crache le feu
De partout il voit des ennemis avec ou sang queue
Il tape du pied, et la contre façon de son propre grain

Son chien l'observe avec des yeux inquiets
Serait-il devenu un démon à grands cornes?
A-t-il oublié qui il est? Et où sont des racines?
Les nuages s'amoncellent et chaque jour il pleut.

Mais un jour nous avons entendu le Pipirite
Ses enfants et son pied casé le réveillèrent
Son chien trop heureux est redevenu normal
L'odeur de son maitre est celle du calme et de la sécurité

Que d'hommes réagissent mal à la richesse
Et la confondent trop souvent à leur fortune
Combien s'y sont perdus à jamais dans cet abîme
Pas lui, il est remonté au faite du Mapou

Impatience

Je me rappelle de la chaleur de ta peau
Le crépuscule d'une terre tropicale.
J'ai soif de la fraicheur de ton sourire
Silencieux chant d'un amour consentant

Tu portes en toi l'Afrique et les Antilles
Et dans ton sang coulent le colon et l'esclave
Quel plus beau nom que de t'appeler Créole
Et voir ta peau mouillée par l'effet de nos étreintes

Les ondes téléphoniques sont dérisoires
Comparées à ta présence incommensurable
Et pourtant je crains ton retour
Car ils nous menacent comme ces deux tours

Saurons-nous éviter l'ultime impact
Finiront-ils nous accorder la paix?
Ce faux rêve porte enfin à vivre
Vivons-donc le moment et regardons faire

Souvenirs de MAG

Quand nous étions des innocents il n'y avait ni téléphone ni internet mais nous pouvions écrire. Alors on s'écrivait et j'ai la plupart de ces belles lettres me jurant qu'un jour ils montreront notre innocence de quatorze ans.

Eddy chéri,

Tu ne peux imaginer comment grande fut ma joie en recevant tes doux cadeaux qui me furent très précieux, je fus également émue, j'avais envie de pleurer mais j'ai tenu pour ne pas le faire en ta présence. J'ai vu que tu ne m'as pas oublié et que tu ne m'oublieras jamais.

Merci chéri, mille remerciements spécialement pour ta gentille plume avec laquelle j'ai commencé à écrire. Pour ton nougat, je l'ai dégusté avec belles dents, en la mangeant, je pensais que c'était ta bouche, Mais hélas!

Moi ce que je te promets, c'est de ne rien faire qui puisse te déplaises, d'être sage partout et en tout.

Comment vas-tu j'espère que tu te portes à merveille.

Je t'aime

Ma vie mon amour de toujours

Comment es-tu. Bien je l'espère. Hier soir après m'avoir quitté j'ai beaucoup pensé à toi. Chéri, tu vois en amour, il n'y pas d'orgueil. J'avais juré de ni jamais te demander de m'écrire. Et pourtant sans tes mots doux et tendres je ne pourrai vivre. Hier soir j'ai rêvé de notre dernière rencontre là haut. Alors tu comprends.

Chéri je t'aime de plus en plus fort et même plus qu'avant. Je crois que c'est de même pour toi. Pour terminer ces quelques phrases que tu m'avais demandé de t'écrire, je n'ai qu'à te dire que je t'aime et t'adore pour toujours.

Ton petit MAG
J'attend que tu m'écris

P.S J'attend mes nougats avec beaucoup d'impatience

Si tu vois Margareth, dis—lui que j'ai nécessaire besoin d'elle

Tu n'as pas besoin de t'inquiéter ce n'est rien

Je t'aime

Eddy chéri,

Ce qui s'est passé hier n'a été qu'un tout petit incident. Donc je ne vois pas pourquoi il pourrait contrarier un amour si grand que le nôtre.

Chéri tu sais que je t'aime, rien au monde ne pourrait affaiblir mon amour pour toi. Je te demande pardon et pour ma part je considère cet incident comme clos ; toi essaie de faire comme moi, ne l'essaie donc pas de rendre ces 22 jours que je vais passer sans toi plus désagréable.

Encore une fois, je te demande pardon et oublie ce qui s'est passé hier.

Je t'aime

Mon trésor,

De dire que je souffre c'est employé un langage présent, car tu le sais déjà. Mon cher amour, quand donc pourrai—je te voir, entendre ta douce voix, me répéter non sur un papier que je t'aime, mais de ta propre bouche, il semble ce que ces jours loin de toi, ressemblent à des années et tandis que quand je suis près de toi les minutes s'écroulent vite; Je voudrais passer toute ma vie à t'avoir auprès de moi.

Oh! Mon adoré; que la vie est triste parfois; On se sent décourager. Mais je suis ferme, car tu es là, tout près. Tes lettres me réconfortent beaucoup. Moi je voudrais crier à tout l'univers que je t'aime, t'adore. Mais malheureusement je ne le peux pas. Pour peu que je ferai je te dirai constamment et je te prouverai, je ne peux te manifester ma joie en te voyant hier après—midi, je pense trop à toi, à cette solitude qui me fait peur.

Eddy Guerrier

Cœur de mon Cœur,

J'ai sauté au plafond, lorsque j'ai reçu gentille petite lettre. Elle m'a beaucoup plu, tu sais et m'a apporté une grande joie, car elle m'annonçait que tu portais très bien. A ces moments je voudrais être près de toi, pour te dire les mots les plus doux qui me paraissent les plus beaux puisqu'ils savent être prononcés par toi. Je t'aime; Je te le répète encore mon amour. Depuis l'an et demi bientôt ces mots sont un symbole que je ne cesse de répéter. Ton amour me comble maintenant je sais que tu m'aimes tant, j'ai une envie de finir avec l'école, c'est pourquoi j'étudie avec beaucoup d'attention. J'ai follement envie de t'embrasser chéri.

Je t'aime et t'adore

MAG

P.S Je t'envois du chocolat pensant qu'il te fera plaisir.

Mon seul amour,

Je dois te dire que ce matin, j'étais fort contrarié.

Chéri, je ne peux plus souffrir de ton absence. Tu me manques beaucoup. Cela va faire deux semaines depuis que nous ne nous voyons presque pas. Comment te portes-tu, je me sentais remplir de joie, en apprenant que cela va mieux. Si tu savais comment cela me peiné quand tu es malade. Je t'aime beaucoup. Crois-moi.

Cela m'avait fais pleuré vendredi pour les paroles d'amour adressé envers moi, je t'adore, comme toi tu me l'as dit, penses à moi également, car je le fais pour toi.

J'ai tellement envie de te voir, j'aimerais que tu ailles chez Lesly un midi, je viendrai te rejoindre pour te dire même un petit bonjour, je voudrais te regarder, car je t'aime à ravir.

Bye, mon amour

Mon trésor,

J'éprouve un rare plaisir de t'écrire. Tes douces paroles envers moi m'ont beaucoup impressionnées; Tu sais chéri pardonne—moi d'être impulsive, c'est sur le coup de la jalousie que tu sais qui est une maladie d'amour, que j'allais faire une explication à Margareth . Maintenant tout est fini, je me suis calmée, car je sais qu'elle ne peut prendre ma plaie, car tu m'aimes vraiment comme moi je le suis envers toi.

Oui mon cher, tout le monde me dit que je suis devenue gentille ainsi que belle, je ne la croyais pas, j'attendais que c'est toi qui me le dit. Qui tout cela je te le dois. Car en mettant en pratique tous tes conseils et en cherchant à ne pas te déplaire, j'embellis beaucoup.

Oui tu promets de m'écrire alors tiens parole. Certainement tu auras de mes nouvelles.

Des Mots Pour Des Maux

Je t'aime, je t'adore, je t'idolâtre. Moi j'ai également envie de t'embrasser, tes baisers sont tellement enivrantes.

Pense à moi comme je le fais pour toi.

Celle qui t'aime et qui t'aimeras toujours.

Ta MAG

AMOUR,

C'est en pleurant que je t'écris, mon cœur maintenant se déchire à la pensée que je ne te venais pas. Eddy je t'aime, mais ton absence me fait énormément souffrir. Moi également je ne peux manger. Toute la journée, je suis obligée d'avoir un livre en main, je me force d'étudier, mais presque en vain, car ton visage se dresse devant moi. Oh! Il semble que notre amour est fait de souffrance, mais nous venons prendre courage, car un jour nous triomphons. Chéri, pense à moi, car jour et nuit je le fais pour toi. Oh!trésor, je suis triste jusqu'à la mort. Mon cœur est serré, froid toute la journée.

Car je ne puis te voir et t'aimer.

«Toi, la seule raison de vivre»

Je t'envoie mille baisers de mes lèvres mouillantes

Celle qui t'adore

MAG

AMOUR,

Ce matin en te quittant, j'étais triste, j'ai pensé à ton dernier baiser qui jusqu'à présent est resté sur mes lèvres. Chéri si tu savais comment je suis triste, je ne te verrai plus, ce n'est pas possible, je ne peux plus résister, car amour je t'aime trop pour être loin de toi.

Je m'oublierai jamais tes baisers, tes caresses, ton amour et tout . . . . .

Je t'aime Eddy, crois moi, et toi aussi, je sais que tu m'aimes

Aout c'est l'avenir, on se verra jusqu'en aout.

Je ne recevrai plus tes baisers si doux, si tendres qu'ils sont. J'ai pleuré en arrivant chez moi, rien qu'en pensant à toi.

Prends courage chéri, les 17 jours passeront vite, ils ne seront pas long.

Ton amour de toujours

Eddy Guerrier

TOUTE MA VIE

Comme je t'avais promis de t'écrire, maintenant je le fais.

L'un de ces moments fut notre dernière rencontre, c'est-à-dire, hier soir quand tu me livras tes lèvres. Chaque fois que tu me serres dans tes bras, je t'aime d'avantage. Hier soir je n'ai presque pas dormi, je pensais à, toi chéri.

Pour terminer ses quelques lignes, je te dis que tu es ma passion, ma raison de vivre.

Je t'aime comme tu es peu satisfait de la façon dont je te caresse, c'est toi qui dois m'apprendre comment le faire.

P.S. Ta Commère te salue et de dire à Carl qu'elle l'aime et attend de ses nouvelles.

Je t'aime et je t'adore.

MON AMOUR

Pourquoi donc ne peux-tu pas avoir confiance en moi alors tu sais pertinemment que tu es le seul que j'aime? Il est clair qu'il n'y a et qu'il ne pourrait y avoir quelques choses entre Ti Gérard et moi, alors pourquoi le penser?
Cela me peine beaucoup, tu devrais avoir pleine et entière confiance en Mag, ta Mag

Malgré tout je te promets de te donner satisfaction puisque sans toi, sans ton amour je ne pourrai vivre.

P.S. Françoise te fait dire qu'elle préfèrerait aussi un entretien avec Carl

Je t'aime

Eddy Chéri,

Aujourd'hui un terrible incident s'est passé. Tu sais les lettres que Carl envoyaient à Françoise elles ne les déchiraient pas, les laissait dans sa bourse. A son grand étonnement en revenant de l'école, elle a trouvé sa bourse en broussaille.

Mais elle ne s'est pas souciée de cela. Elle a été mangée. Après avoir terminé ma maman lui a dit: Françoise j'ai laissé une surprise pour toi. Quand elle est rentré, elle a vu toutes les lettres sur la coiffeuse de ma maman, dans lesquelles il y en avait deux qui comportaient: **«Est-ce que ta maman est au courant de nos sortis clandestins la haut»** Elle a dit qu'elle a besoin de toi et de Carl. Alors tu comprends. Dis cela à Carl, car tu sais qu'il est très nerveux, il pourra quereller avec ma maman. Dis—lui de se calmer et de parler gentillement . Françoise est triste et décomposée. Car ma maman avait beaucoup de confiance en elle . Mais cela ne m'empêche pas pour autant que nous continuons à vous aimer. Ainsi que Françoise et Carl.

Quel malheur chéri; Ils n'ont pas de chance y compris nous.

Je t'aime malgré tout cela

Ta MAG

J'espère recevoir de tes nouvelles.

Ma vie, mon Amour,

Je ne te comprends pas, pourquoi te laisses—tu ainsi, plongé dans la tristesse? Tu sais très bien que je suis là pour toi, pour t'aider. Chéri, quand tu es ainsi cela agit sur moi terriblement. Depuis ton départ, je me sens anormale, je pense à toi; Eddy je t'aime beaucoup. Mon amour pourra te donner la force.

Je ne pouvais pas venir cet après—midi, parce que je n'ai pas la possibilité de le faire. On me tiendra.

Ta Mag qui t'aime et t'idolâtre.

Eddy Chéri,

Ta lettre de cet après—midi, m'a comblée de joie? Tu m'as fait dire que tu as rencontré mes amis. J'aimerais savoir leur nom. Et puis avant-hier soir, j'ai beaucoup pensé à toi, je n'ai presque pas dormir, j'ai su quand tu es descendu et remonté. En lisant ma lettre tu diras que j'ai peut être exagéré.

Je sais que tu seras un peu découragé; parce que demain je ne pourrai pas monter là haut, car ce sera la fête de ma grand—mère je devrais aller la saluer. J'ai demandé à mon papa l'autorisation d'aller à la promenade et il était d'accord, mais je ne crois pas que j'y vais. Si ça ne te dérange pas je préférais monter la haut. Car ma maman ne serait pas là. J'étais contente et satisfaite samedi.

        Je te laisse en te disant tout simplement
        et doucement que je t'aime et t'adore

        Ta fameuse femme
        Mag

AMOUR

Je sais que tu es au courant de toutes choses, si tu savais comme cela me peine, désormais, je ne pourrai plus te regarder en face, car j'ai honte de toi. Mon amour pardonne—moi si tu le peux mais crois-moi, je ne pense pas comme ma maman, que tu le sois noir ou blanc, c'est toi que j'aime et je te l'ai prouvé plusieurs fois et je te le prouverai encore. En t'écrivant cette lettre, je t'aime, je t'aime et je t'aimerai toujours malgré les difficultés que je rencontre sur mon chemin, car le proverbe dit **«l'amour est plus dur que le fer, plus fort que le feu»** rien ne pourra nous séparer. Je suis capable de t'aimer même contre la volonté de mes parents car notre amour est sincère, je n'en peux plus de rester sans connaitre ton opinion à ce sujet. Ce que tu penses de moi qui ne suis point coupable, car je te le répète encore une fois, je t'aime de toute mon âme, je t'en prie réponds moi pour me faire savoir ce que tu penses.

Des Mots Pour Des Maux

I l faut a tout prise qu'on se voit pour tout s'expliquer.

Je te laisse mon amour

Je t'aime, je t'adore, je t'idolâtre et je ne cesse de penser à toi mon
Amour de toujours;

Mag

Mon trésor,

Mon cœur aujourd'hui tressaille d'une tristesse que mes lèvres un peu timide n'osent s'exprimer. Oh mon chéri, Quelle surprise qui l'attendait. Cela me peine énormément; Quel deuil inattendu. On m'a dit qu'elle morte subitement, surement tu as été émotionné, tu dois te soigner car cela peut avoir des répercussions sur ta maladie. Mon amour au fond de cette douloureuse souffrance pense à moi qui t'aime pour la vie et qui ne cesse de penser à toi. Ne sois pas triste, ni peiné, car si tu es ainsi cela agira sur moi, comme toi et moi formons qu'un être, normalement je deviendrai triste également.

Excuse-moi chéri, j'éprouvais le vif désir d'aller aux funérailles mais malheureusement je ne pourrai pas m'y rendre, car je composerai. Alors je profite de cette occasion pour te souhaiter mes condoléances émues et . . . . que je sympathise avec toi dans cette tristesse. Je ferai tout mon possible pour te voir vendredi

Bye mon chou
Milles baisers Mag

Des Mots Pour Des Maux

Cher Eddy,

Il m'est difficile d'exprimer l'état ou je me trouve en t'écrivant cette lettre. En effet, voilà bien une semaine que je souffre de ton incompréhension et de ton indifférence, Je me demande comment tu as pu penser que je pourrais un instant te trahir vu l'affection que je porte pour toi et moi. Un sentiment dont je t'ai donné bien des preuves à pris jour en moi et seul ton incompréhension pourrait l'effacer. Cependant malgré tout je continue à nourrir dans mon cœur l'amour que j'ai éprouvé pour toi. Je pense Eddy que tu me connais assez pour ne pas te faire ces idées noires sur moi. Avant tout si tu avais confiance en moi, tu n'aurais pas cru aux dires des autres et garder une pareille attitude envers moi; Et ce qui m'a plus frappée, c'est que tu as continue à douter de moi, hier encore malgré toute la certitude que je t'avais donné de mon innocence. Comment peux-tu penser qu'une personne que j'ai connue seulement durant les carnavals pourrait constituer un obstacle entre nous? Si tu m'aimais comme je t'aime, tu n'aurais pas cru à une chose pareille. Tu prétends que tout cela t'est égal, mais sache Eddy que je ne suis pas aussi forte que toi et que je souffre beaucoup de ton silence et de ton indifférence, Tu ne peux imaginer combien j'ai été vexée de ton manque de confiance à mon égard. J'ai toujours tranche envers toi et je pense qu'il en serait de même de ton côté.

Eddy toutefois, si tu ne m'aimes plus, si tu juges bon de détruire notre amour, tu as le choix, car tu me donnes déjà l'impression qu'une autre est entrain de te tourner la tête et que tu saisis un prétexte banal pour rompre. De toute façon sache que je souffrirai beaucoup, mais je ne finirai pas me résigner et je pourrai alors te souhaiter d'être heureux avec une autre; De mon côté, je ne serai pas heureuse sans toi, car je ne cesserai jamais de t'aimer.

                                                          Mag